諷詩調詩集 · 39

풍諷계戒집集 · 6

박진환 제57시집

지성 · 감성의 메타언어
조선문학시인선 · 375

諷詩調詩集 · 39

풍諷계戒집集 · 6

조선문학사

■ 책머리에

풍시조(諷詩調)는 의미의 전환이나 이동을 자유로이 하는 순발력으로서의 위트의 미학이다.

2014년 初夏

박 진 환

박진환 제57시집 / 諷詩調詩集 · 39

풍諷계戒집集 · 6

차례

낫지 않겠나

정가의 정의가 지난 허물·결함 초쳐 자주 입에 담아 흉봄이던데
허니 어찌 시끄럽지 않을 것이며 말씀이 고울 수 있겠는가
허물 헐뜯건 흉을 보건 불통 침묵보다야 낫지 않겠는가

굿패거리

정가에 政街 말고도 整暇·靜嘉란 말도 있데
整暇는 일을 정리하고 난 뒤의 여가, 靜嘉는 고요하고 아름다움
허면 政街는? 말 많고 시끄럽기가 꽹과리 굿패거리

영수란 말도 있거든

기대했던 여·야 영수회담 성과없이 결렬

그럴밖에, 아직 끝나지 않는 싸움 계속중 승부가 안 끝났거든

영수란 말에 領袖 말고도 贏輸란 말도 있거든

※ 영수(贏輸) : 승부.

패거리 싸움

끝이 보이지 않는, 꼬리가 꼬리를 물고 놓아주지 않는 꼬리, 꼬레 싸움
링도 룰도 심판도 없는 고래 아닌 꼬레 난장터 싸움
무슨 싸움이 그러냐고? 닭쌈도 소싸움도 아닌 여의도 패거리 싸움

중병을 앓고 있어서

매스컴의 논객들은 정치 전문의들
날마다 진단하고 처방하고, 째고 봉합하는 목하 성업 중인걸 보면
세상만 병든 줄들 알았더니 정치도 중병을 앓고 있는 모양이데

소란까지

진보·혁신·보수를 막론하고 할 일이 그렇게들 없는지
이석기 재판 방청 위해 몇 밤씩 노숙을 하다니
그건 그렇다손쳐도 재판정을 데모광장쯤으로 아는지 소란까지

즐기는 고고자허

내 탓은 없고 네 탓만 있는 세상
어쩌다 탓에도 너만 있는 세상인지
따져 뭣하라만, 탓은 남의 일, 스스로는 탓이 없는 즐기는 고고자허

날 새는 건 아닌지

날만 새면 진풍경 정치판 패싸움
국민들 식상한지 이미 오래인데 매스컴만 신바람
이러다 꿈도 꾸어보기 전에 날 새는 건 아닌지

어른이 없어서 그래

쌈박질 일삼는 집안 보면 날마다 고함소리 담을 넘어
체면이고 염치고는 헌신짝, 목소리 클수록 장땡
집안만이 아니여, 정치판도 매한가지, 어른이 없어서 그래

앙숙이어서

남북 · 동서론 부족했는지, 진보 · 보수까지
옛날 양반 행세인지, 상것 못면한 흉내인지
지자 들어간 말에 ×지 ×지, 음양만 맞으면 허니문인데 앙숙이어서

"기억 안 난다"지

국회청문회 때마다 전매특허품 남발
특허품치곤 제일 비인기품목인 모방·모조품
뭐냐고? 스스로를 속이는 거짓말 "기억 안 난다"지

불량식성보단 낫지

더치커피란게 있는 모양인데 불량성이 기준치의 260배라고
헌데도 판매고 최고라니 불량식품 1등품
그렇긴 해도 동취 못면하는 아도물 포식하는 불량식성보단 낫지

임시직과 같은 거여서

삼성을 비롯한 대기업 시간제 고용 1만여 명이나 된다데
시간활용성 좋고, 일자리창출에도 기여하지만
시간제란게 알고보면 정규직으로 포장한 임시직과 같은 거여서

영양실조 못 면하고

한국 공기업 부채 50조원에 육박, 빚쟁이 중 상빚쟁이
필시 투자 실패거나 빼먹고 나눠먹고 구워먹어서겠지
처먹어 빚 만복에, 만복에 막힌 백성들은 영양실조 못 면하고

안 들었으면

NLL, RO 시끄러운 노랑말에 따가운 귀
따갑다 못해 못이 박힐 지경
못박혀 귀머거리 돼도 좋으니 제발 NLL, RO란 말 안 들었으면

해법이 틀린 것을

무슨놈의 정치가 NLL, RO에 꽁꽁 묶여 풀려날 기미 없어
영어실력이 부족한가? 뜻풀이 제대로 못해선가?
허긴 정치로 영어를 풀려고 하니 해법이 틀린 것을

북녘만의 일 아닌 것 같아서

몽골대통령 방북 평양 김일성대에서 제1성
"어떤 독재자도 영원히는 못간다"란 아무나 할 수 있으면서
아무나 할 수 없었던 말, 헌데 북녘만의 일 아닌 것 같아서

정치 술수에 속임수

미 총기난사 살인, 일 지진, 이라크의 폭탄 테러는
세계가 인정하는 전매특허품
코리아라고 빠질 수 있나, 정치 술수에 속임수

퇴색하다니

월드컵 빙상대회에서 이상화 선수 세계신기록 두 번이나 경신
백만불짜리 이 낭보, 정쟁의 소음에 묻혀 빛바래
순도 120%의 순금메달이 멕기 금배지들 소음에 퇴색하다니

금메달감이었거든

여・야 정치게임 링도・룰도・심판도 없는 줄 알았더니
아니었어, 링도・룰도・심판도 다 갖춘 탁구대였어
공 치고받기는 메달감, 특히 공 넘기기는 금메달감이었거든

찬밥 신세여서

OECD국가 중 노인빈곤층 코리아가 최고에 노인복지는 최하
열외만도 못한 최고·최하등급에 등 굽어
몸도 마음도 추위 못 면한 찬밥 신세여서

창조정친 걸

창조경제 창조경제 해쌌더니 경제만이 아니여
정치도 창조정치, 전매특허품 거짓말도 창조정치
어디 그뿐인가, 핑퐁정치, 살바정치, 인해전술정치도 창조정친 걸

일세

허허, 세상 돌아가는 꼴 구경감일세

허허, 구경꾼들 즐기며 치켜뜬 눈들도 사시일세

허허, 사시건 오시건 눈 하나 깜짝 않는 고고자허일세

심상찮다

철 이른 폭설·대설 조짐이 심상찮다

어지럽고 굴곡심한 세상 공동분배로 고루 뿌려 덮고자 함일까

아니면 불 토하는 정치연옥 한파로 얼려 冷獄界 만들려 함일까

꼬레아

세상은 장밋빛 창조경제로 포만감 트림으로 푸는데
춥고 배고프단 시린 말 어째서 꼬리 잘라내지 못할까
잘라내지 못한 채 물고 놓아주지 않는 꼬리, 꼬레아

철조망 박이거든

한국의 20대들 남북통일 불원
글쎄, 20대뿐이면 좋게, 변화를 싫어하는 보수층도 그래
잘살면 됐지, 통일 같은 건 철조망 박이거든

시장기라니

날마다 뚝뚝 떨어지는 것은 영하로 곤두박질치는 온도계 눈금
반대로 치솟아 오르고도 시장기 못 면하는 전기요금
정작 춥고 배고픈건 민초들인데 배불린 전기요금이 따라 시장기라니

실성한 놈 짓이거든

미 총기난사로는 부족했는지 살인 KO펀치까지
도덕무장 해제되면 육체만 남아 힘자랑 일삼거든
정신 빠져나간 육체, 그게 실성이야; KO펀치도 실성한 놈 짓이거든

그걸 배웠겠구먼

키르키즈 대통령 한국민주주의 배우겠다고 국회 예방
헌데 여·야 막쌈보고 고개 절레절레
예절 거꾸로 하면 절례, 절레와 절례가 비슷해서, 그걸 배웠겠구먼

눈금이 뚜렷할까

금덩이나 돌덩이나 체중이나 무게가 있는 것은 정직하다
무게마다 눈금으로 중량이 새겨지기 때문이다, 헌데 어찌하여
정직의 무게엔 눈금이 없고, 부정의 무게엔 눈금이 뚜렷할까

천지차이

공기업 부채 국가 1년 예산보다 더 많아
5백조와 3백조는 천지차이
빚으로 치면 공기업이 하늘 정부가 땅이거든

전열로도 못 녹이거든

전기요금 올려 한전 배불린 건 좋네마는
정작 국민들은 비싼 전기요금에도 한속기 못 면할 판
몸 아닌 마음의 한속기는 전열로도 못 녹이거든

떨어진지 오래거든

금덩어리 앞에 하면 감겼던 눈도 왕방울 눈으로 떠
진실 앞에 하면 왕방울 눈도 감은 채 안 떠
몸의 등불이란 눈, 이미 몸에 양심이란 기름 떨어진지 오래거든

알기나 하겠나

일본인 반이 넘게 한국에 친근감 못 느낀다는 반응
나쁘게 말하면 반한감정인데 적반하장도 유분수지, 허긴
친미 분수밖에 모르는 주제에 묘시파리란 명언 알기나 하겠나

※ 묘시파리(眇視跛履) : 애꾸가 환히 보려하고 절름발이가 먼길을 걸으려 한다는 뜻으로 분외의 일을 하려고 하다가는 오히려 화를 자초하게 된다는 역경에 나오는 말.

일확천금일지, 솔구이발일지?

전북 사제들 구호에 연평도 사건 한국 책임
대통령 선거 부정 책임 대통령 사퇴도 운운이던데
겸천하지구 세상에 일언천금일지, 솔구이발일지?

※ 겸천하지구(鉗天下之口) : 세상 사람들의 입을 막아 말을 못하게 함.

※ 솔구이발(率口而發) : 입에서 나오는 대로 함부로 말을 함.

의문부로 찍혀서

연평도 연평도 연일 연평도, NLL NLL 연일 NLL
무엇이 문제인가?
답은 없고 문제만 철책박듯 뽑히지 않는 의문부로 찍혀서

필수과목

공부만해서일까? 서울대생들 햇볕 부족으로 비타민D 결핍
비타민D 부족 없인 D학점 못 면하거든
A학점 따려면 비타민D 부족이 필수과목

정치전쟁

사제단 시국미사 발언 기름이냐? 찬물이냐?

기름이면 여야설전 화전 못 면하고 찬물이면 냉전 못 면해

화전이건 냉전이건 정쟁 못면한 되풀이되는 정치전쟁

양귀가 먹었는데

종교단체들 다투어 시국선언 준비, 무슨 말씀들을 할까?
하나님과 부처님 말씀이면 말씀 중 말씀인데
말씀만 좋으면 뭘 해, 듣는 한국정치 양귀가 먹었는데

보수·급진 쌍칼 들거든

참된 민주정치가는 참에는 보수적, 악에는 급진적
싸우는데는 너무나 악하며 달리는데는 너무 뚱뚱보라던데, 아니거든
이 땅의 보수주의자들은 선악에도, 싸움에도 보수·급진 쌍칼 들거든

비추같네도 쓰고

전라도 잘쓰는 상말에 "내 ×같이"는 있어도 "내 ×같이"는 없어
헌데 요즘 돌아가는 세상 하 더러운지 추비추비라 해쌋데
그것으론 부족한지 안 쓰던 상말, 비추같네도 쓰고

죽을 맛이니

귀가 가려우면 남이 흉보며 씹어대서라던데
요즘 왜 이리 귀가 가렵나? 허긴 어지간히 남을 씹었어야지
씹으면 쓰고 달고 맛이 있어야 하는데, 씹을수록 죽을 맛이니

모르신다고요?

남북으론 부족해 여 · 야에 보수 · 진보에 종교단체까지
넘침보다야 부족함이 낫지만 정치 중용 허천기가 이리 심해서야
자사선생님, 이런땐 어찌해야 하나요? 모르신다고요?

※ 자사(子思) : 공자의 손자로 중용을 저술했음.

나눠먹기가 아니어서

꼬이기만 하고 풀릴 기미 전혀 없는 난국, 제마다 해법 달라
각기 다른 해법 중 엇비슷한 답하나, 서로 양보던데
정치란 게 형 먼저, 아우 먼저식 라면 나눠먹기가 아니어서

미쳤군

새벽 3시에 일어나 풍시조를 쓴다, 단단히 미쳤음이다
암, 미치지 않곤 그럴 순 없지
위대한 천재는 다소의 광기를 지녔다는데 그럴까? 미쳤군

법이 안 먹혀서

세상 돌아가는 꼴 어찌 보면 구화투신 같기도 하고
또 어찌 보면 얼음판에 찬물 끼얹는 것도 같고
불과 얼음이면 녹이기도 끄기도 하는 법인데 법이 안 먹혀서

※ 구화투신(救火投薪) : 불을 끈다고 장작을 불에 던진다 함이니 급하게 행동하다 되레 일을 그르친다는 뜻.

경기 못 면할 판

불나면 물 뿌려 꺼주고 물난리나면 물 뿜어내야 하는데
웬걸 불난데 기름 뿌리기, 물난리에 강물 끌어들이기니
요란한 소방차 굉음에 기절초풍, 경기 못 면할 판

참 고상하지 않은가

요즘은 욕도 고상해졌어 상소리 '내 ×같이'나 '내 ×같이' 안써
세상 더럽고 추하면 고상하게 추비추비라 은어를 써
세상 악만 까댄다고 비추비추라 하니, 참 고상하지 않은가

꼬리 · 꼬레 · 꼬리아

여 · 야 말꼬리 잡았다 하면 물고 늘어지기가 찰거머리
허니 꼬리에 꼬리 물려 꼬리가 될밖에, OECD봐, 항상 꼴찌 꼬리야
아무리 물고 뜯어도 안 잘려나가는 꼬리, 꼬레, 꼬리아

식상 못 면하지

여 · 야, 주장 제마다 일리가 있긴 한데
그 일리라는 게 상식 밖이거나 상식에도 못 미쳐서
상식에도 못 미치니 식상 못 면하지

남만도 못해서

미국 등에한 일은 기고만장, 중국 등에한 북녘은 시큰둥
등에 했던 미 이중잣대에 남녘도 시큰둥, 비슷한
시큰둥 처지완 달리 만났다 하면 사시 못면하니 남만도 못해서

불통 못 면한다는 점

침묵은 현명한 자에게는 충분한 대답, 웅변보다 나은 지혜라데
침묵 탓했더니 알아듣지 못한 현명과 지혜가 문제였어
문제는 침묵하는 쪽이나 듣는쪽 공히 불통 못 면한다는 점

뉴스도 그리 읊는구나

모 TV 모 앵커 목소리 크데, 큰 목소리 한자화 하면 大聲
안그래도 세상 시끄러워 대성통곡할 판인데 천붕지탑이라니
그렇구나, 咏者도 앵커란 뜻이지, 시 아닌 뉴스도 그리 읊는구나

※ 천붕지탑(天崩地塌) : 큰소리에 천지가 진동함.

열외나 안 될지

중 방공식별구역 설정으로 미 · 일 · 중 열강 사이에 낀 코리아
딱한 사정 두고 언론들 샌드위치 신세라데, 그뿐이면 좋은데
미 · 일 밀월에다 눈금 다른 미 잣대 눈금에 밀려 열외나 안 될지

알짜 얌체지

공공기관 수익성 뻥튀기에 챙기는 보수는 알짜배기
뻥튀기는 거짓으로 부풀리기가 아니던가, 알짜는 실속이고
빚쟁이 주제에 속임수로 실속 챙기다니 얌체도 알짜 얌체지

스노든 선생

인도네시아 코리아가 미 도·감청 지원국이라고 따지던데
도·감청 국민 비난에 미에 알아보겠다고? 이런 왕꼼수가
미와 공조해 놓고 알아본다니, 존경스러워라 스노든 선생

그런 뜻이 아니던데

꼬인 정국 해법 특검에 있던데 새누리당은 no
아무리 좋은 현안이라도 집권당이 no하면 yes는 불가
no도 yes도 불가면 不二, 佛家의 不二는 그런 뜻이 아니던데

매운 맛 보여줘야 하는데

열강 미・일・중 방공식별구역 사이에 낀 코리아를 샌드위치라데
배고픈 패권주의자들 시장하면 먹어치우는 식성
안 먹히려면 고춧가루 뿌려 매운 맛 보여줘야 하는데

헌데 그게……

뭐야, 코리아를 샌드위치라고? 매운 고추맛 봐야 알겠나
작은고추가 더 맵다는 말 달리 있는 줄 알고
헌데 그게……

불씨 꺼진지 오래여서

미 · 일 · 중에 끼지 못하는 열외 코리아의 찬밥신세
찬밥신세 면하려면 더운밥 지어야 하는데
여 · 야 한랭전선에 얼어붙어 불씨 꺼진지 오래여서

현대인 맞소?

겸손은 씨가 말라 비틀어지고 우후죽순으로 싹 트는 건 오만
허긴 도덕 덕목 퇴화한지가 언젠데 겸손을 찾다니
당신 어느 시대 사람이오? 현대인 맞소?

금 그어 빼앗을 판

땅덩이 빼앗기는 순구식, 이념 뺏기도 구식, 허면 신식은?
NLL, 바다 같은 건 옛날, 지금은 공중에 금 그어 빼앗기여
그건 약과, 또 얼마 후면 달, 화·금성에도 금 그어 빼앗을 판

불가여서

정계 · 종교계 · 시민단체, 각계가 각각으로 첨예화한 양극화
극과 극은 아득한, 가 닿을 수 없는 영원한 거리
佛家에선 不二라던데 코리아에선 佛家 아닌 不可여서

뒤통수 갈겨치고

한국이 잘한 것 중 인터넷 · 신용카드 · 일중독은 세계 챔피언
폭력 · 사기 · 살인은 챔피언 빰치고
그건 약과, 여 · 야 정쟁은 챔피언 뒤통수 갈겨치고

달갈봉사 돼서

안철수 넥타이 칼러, 민주의 청, 한누리의 적으로 풀이하던데
색깔로 풀이하는 육안밖에 못지닌 한국의 정치시각
정치는 색깔 아닌 애국이 근본인데 애국 앞에 하면 달갈봉사 돼서

초가삼간이 아니거든

천주교·불교·시민단체 등 도처에서 정부 반대
다행한건 조용한 학생들, 대학생들 뛰쳐나오면 사면초가 못면할 판
허나 푸른집은 돌담 둘러친 초가삼간이 아니거든

종은 누구를 위해 울리나

방공구역이다, 대통령하야다, 인준냉전이다, 세상이 들썩들썩

여세추이 따라야 하나? 상수리나무처럼 겨울에도 갈잎 고집해야 하나?

진·보 등쌀에 민초들만 종은 누구를 위해 울리나 헤밍웨이 흉내하고

※ 여세추이(與世推移) : 세상의 변함을 따라 함께 변하는 일.

매독 걸린 주제에

일 잡지기자 눈에 비친 한국 대통령, 폄하 아닌 모독
독도에 눈이 멀더니 독자로 놀아보자 이거지
패권주의 기둥서방 삼고 밀월 즐기다 매독 걸린 주제에

틈바구니에 끼어 찌그러지다니

샌드위치에 찬밥신세, 어쩌다 열외된 코리아
창조경제면 다 될 줄 알았더니, 웬걸
당당한 대열엔 못 끼고 열강들 틈바구니에 끼어 찌그러지다니

새맛에나 기대를

안철수 신당 두고 창당이념이나 가치, 정치철학이 없다데
철학에 묶여 여지부동 불통보단 자유스런 소통이 더 나을지도
어떻든 새정치 새부대에 담는다니 새맛에나 기대를

지레 죽을 수도

、 정국은 꽁꽁 얼어붙고, 원전은 고장나고, 전기세는 오르고 뻔한 겨우살이 불 보듯 하면서도 냉방신세 못 면해 얼어 죽을 수야 겨울답게 살아야 봄다운 봄 맞는다고? 생일 기다리다 지레 죽을 수도

딱 맞아떨어지거든

한국인 잘한 것들 골라 세계 챔피언감이라 했던데
오기 · 고집 · 융통성 부재에 소인배근성도 챔피언 감이지
옛분들 즐겨 쓰던 교주고슬이란 말 딱 맞아떨어지거든

※ 교주고슬(膠柱鼓瑟) : 비파나 거문고의 기둥을 아교로 칠해 음조를 바꾸지 못하게 하면 한가지 소리밖에 나지 않듯이 고지식해 변통성이 없는 말라붙은 소견에 비유한 말.

용쓰는 꼴이라니

샌드위치에 찬밥신세 못 면하고 있는 이 판국에
정치권은 무슨 힘이 남아돌기에 연일 살바싸움, 씨름판이면
구경하는 재미라도 있으련만, 부끄럼도 모르고 용쓰는 꼴이라니

수준도 못돼서

흡사 정치권 줄다리기 게임 같아
사람 많은 쪽이 이기기 마련인데 딱 그렇거든
정치를 줄다리기로 하다니 초등학교 운동회 수준도 못돼서

샴페인이라도 안 터뜨릴지

아 · 태 연안 심상찮은 기운, 패권전운 감돌아

저러다 불바다 되면 피바다 못 면해

북녘, 지켜보며 말이 씨 됐다고 샴페인이라도 안 터뜨릴지

그건 양반이지

개 눈엔 똥만, 똥 묻은 개 재 묻은 개 나무란다 했던가
내 처지 그렇긴 한데 달라, 개 같은 이 아니고 개만도 못하기거든
개만도 못한 세상에 개 같으면 그건 양반이지

양반이지

제멋에 살고 제 잘난 맛에 산다 했던가
아무려면 어때, 멋과 맛 즐기면 호강 아니던가
맛도 멋도 모르고 사는 상것들 세상에 멋·맛 알면 양반이지

꼬레아여서지

국회 여 단독처리도 꼴불견, 야 불참도 꼴불견
어째서 꼴자 꼬리 못 잘라내고 이어만 가는 걸까
허긴 꼬리가 달리 꼬리겠냐, 꼬리, 꼬레, 꼬레아여서지

시커멍이어서

내친김에 예산안도 단독처리 해버려

해버리고 야도 버려

해버리면 캄캄한 밤, 야버리면 훤한 낮인데 세상 온통 시커멍이어서

탓할 것도 없지

별난놈의 판도 있데, 한쪽이 죽어야 끝나는 투견판
개판이 어디 투견판 뿐이겠나
세상이 개판인데 개싸움 탓할 것도 없지

더 안 낫겠소

정기국회 3개월째 안건처리 0건
참 잘했습니다, 의원나리님들
한쪽 힘으로 처리한 100건보단 차라리 0건이 더 안 낫겠소

이전의 말이지

행복이 따로 있다는 착각은 행복이다
화 면하고 살면 행복하다는 착각도 행복하다
허면 불행은 어디 있는가, 그건 창조경제 이전의 말이지

교육이 부족했나

한해 국가예산보다 공기업 부채가 더 많다데
벌기는커녕 벌어봤자 이자도 못내는 빚쟁이
무디스, 공기업부채가 한국경제 발목잡는다던데 창조경제교육이 부족했나

새겨봄이 어떨지

반공식별구역 대책논의, 급한 불 끄려다 기름 뿌린 꼴 안될지
서둘다 넘어지면 더디감만 못하거니
옛분들 구화투신이란 말 달리 했겠나, 새겨봄이 어떨지

※ 구화투신(救火投薪) : 불을 끈다고 급한김에 장작을 던져 더 불꽃 크게 한다는 뜻.

그게 개그지

양당정치 실종된지 이미 오래, 단독처리가 그래
허긴 손잡고 국사 논한 적 있었나? 없으니까 안건처리 제로지
온갖 정치 쇼 다 벌여놓고 제로 못 면하니 그게 개그지

씨름꾼 뿐이어서

국가예산안 제때 처리 못하고 파행처리 11년째라니
11년 전에는 그래도 여·야, 율사다운 율사 있었던 모양
헌데 현금은 율사대신 배지기·등지기·살바잡기 씨름꾼 뿐이어서

못 도려내서

국회예산안 단독처리 11년째 되풀이면 굳은살 박혔겠네
도려낼 칼집은 황금인데 정작 칼날은 녹슬어 무뎌졌으니
굳은살 도려내기는커녕 팽창예산 군살 비계덩이도 못 도려내서

이제부터거든

여 · 야 4자회담 극적 타결 두고 여 승리니, 야 승리니 해쌋던데
1라운드는 둘 다 패배
진짜 싸움은 이제부터거든

실현도가 문제여서

코리아 15세 학생 학업성취도 OECD국가중 최상위
서울대생들만 비타민D 결핍 아닌 전 학생이 그래
헌데 어쩐다, 도는 돈데 성취도 아닌 실현도가 최하위 아닐지

목소리 높이니

북녘 실권 2인자, 장성택 실각 놓고 말 많데
그리 말들이 많으니 시끄럽기가 소음 아닌 굉음차원이지
각당 대변인, 정치논객, 거기에 앵커까지 목소리 높이니

경제사전엔 없거든

정신덕목 양보가 겸양·사양이란 것은 공자적 구식이다
신식으로 계산도 영악한 손익계산이다
손해 보는 양보란 이제 경제사전엔 없거든

이를 말해줌이거니

현대인의 고독을 단독자시대라고 하던가
왜 단독자일까? 덕을 지니지 못했음이다
덕불고필유린이란 옛분들 말씀 이를 말해줌이거니

※ 덕불고필유린(德不孤必有隣) : 덕은 외롭지 아니하고 반드시 이웃이 있다는 논어에 나오는 말.

울지 않고 웃겠는가

행함과 망각과 웃음으로 도는 척도된다
현자는 도를 들으면 행하고 범인은 잊어버리고, 우자는 웃는다
老子여, 치자다소의 세상 어찌 행함의 아픔 울지 않고 웃겠는가

※ 치자다소(痴者多笑) : 어리석은 이가 많이 웃는다 하여 너무 자주 웃는 자를 욕하는 말.

불통일관

중요한 원칙들은 융통성이 있을 수 있고, 또 있어야 한다는 링컨의 말
달리 풀면 통용 · 변통 · 유통의 재주인 임기응변에 능해야 한단 뜻
헌데 어떤다, 소통과 담 쌓고 있는 푸른집의 불통일관

금 긋고 사는 세상이여

안그래도 방공구역이다, 국정원 댓글이다 해서 코 막히는 판에
방공구역도 없이 쳐들어오는 중국의 황사 미세먼지에 기도 막혀
격장지린은 옛말, 지금은 하늘까지도 금 긋고 사는 세상이여

※ 격자지린(隔墻之隣) : 담 하나를 사이로 하고 사는 이웃이란 뜻

추리한 거지

한국인 47%가 '나는 하층인'이라고?
한때 나는 '중상위층'이라던 호언은 어디 갔나?
어딜 가긴, 그 자리에서 찌그러져 하층으로 추락한 거지

초학 못 면할 판인데

원전 3분의 1이 고장으로 가동중지, 전력대란 불보듯 뻔해
뻔하긴? 캄캄하지, 캄캄하기만 하면 좋게
좋긴 뭐가 좋아, 벌벌 떨며 겨우살이 초학 못 면할 판인데

맘 돌려

일 아베, 군국주의 부활 꼼수 국민저항에 부딪쳐
국민만 저항하나, 주변국 저항에도 부딪쳐
부딪치면 깨지기 다반사, 묵사발 되기 전에 맘 돌려

째려보고 있어서

채동욱 찍어내기 청와대가 주도했다는 야당 주장
청와대에선 개인적 일탈이라고 발뺌이던데
사시로 흘겨보는 국민들 시각 푸른집 째려보고 있어서

행복 절로 오는데

안전만 잘 지키면 불행은 끝, 불행 끝이면 행복
공식이 이러하니 행복이니 복지니 따질 것 뭐 있어
행복 · 복지기금 없는, 돈 안 들어가는 안전이면 행복 절로 오는데

•

박진환 시인은 전남 해남 출신으로 동국대 국문학과를 거쳐 중앙대 대학원을 졸업(문학박사)했다. 1960년 동아일보 신춘문예(詩) · 1963년 自由文學(문학평론)으로 문단에 데뷔했고, 국제PEN한국본부 사무국장 및 이사, 한국문협 고문을 역임했다. 제9회 시문학상, 제3회 비평문학상, 펜문학상, 윤동주문학상 등을 수상했고, 한서대학교 교수 및 예술대학원장을 역임했으며 현재 월간『조선문학』발행인 겸 주간으로 있다. 중요 저서로는 시집에『귀로』,『사랑법』,『꽃시집』,『三行詩抄』Ⅰ~Ⅺ『諷詩調』,『박진환시전집』Ⅰ · Ⅱ · Ⅲ · Ⅳ · Ⅴ · Ⅵ · Ⅶ,『物神時代』Ⅰ · Ⅱ · Ⅲ · Ⅳ · Ⅴ,『동굴일지』Ⅰ · Ⅱ · Ⅲ · Ⅳ · Ⅴ,『2012년 8월』에서『2013년 7월』까지,『풍계집 · 1』에서『풍계집 · 25』까지 76권의 시집이 있고 평론집으로『한국현대시인론』,『현대시론』,『21C시학과 시법』등 다수와『한국시의 공간구조연구』,『21C 시학』,『시창작론』,『諷詩調詩學』외 다수의 역저가 있다.

•

조선문학시인선 375

諷詩調詩集 · 39

풍諷계戒집集 · 6

2014년 8월 20일 인쇄
2014년 8월 30일 발행

지은이 / 박진환
발행인 / 박진환
펴낸곳 / 조선문학사
등록번호 / 1-2733
주소 / 120-853 서울 서대문구 통일로 389(홍제동)
전화 / 02-730-2255
팩스 / 02-723-9373

ISBN 978-89-98115-65-4

정가 10,000원